škola - школа 2
putovanje - путешествие 5
transport - транспорт 8
grad - город 10
pejsaž - ландшафт 14
restoran - ресторан 17
supermarket - супермаркет 20
napitci - напитки 22
jelo - еда 23
seosko gazdinstvo - ферма 27
kuća - дом 31
dnevna soba - гостиная 33
kuhinja - кухня 35
kupaonica - ванная комната 38
dečija soba - детская комната 42
odeća - одежда 44
kancelarija - офис 49
ekonomija - экономика 51
zanimanja - профессии 53
alati - инструменты 56
muzički instrument - музыкальные инструменты 57
zoološki vrt - зоопарк 59
sport - спорт 62
aktivnosti - действия 63
porodica - семья 67
telo - тело 68
bolnica - больница 72
hitni slučaj - неотложный случай 76
zemlja - земля 77
sat - часы 79
sedmica - неделя 80
godina - год 81
oblici - формы 83
boje - цвета 84
suprotnosti - противоположности 85
brojevi - цифры 88
jezici - языки 90
ko / šta / kako - кто / что / как 91
gde - где 92

Impressum
Verlag: BABADADA GmbH, Nedderfeld 112 , 22529 Hamburg
Geschäftsführer / Verlagsleitung: Harald Hof
Druck: Books on Demand GmbH, In de Tarpen 42, 22848 Norderstedt

Imprint
Publisher: BABADADA GmbH, Nedderfeld 112 , 22529 Hamburg, Germany
Managing Director / Publishing direction: Harald Hof
Print: Books on Demand GmbH, In de Tarpen 42, 22848 Norderstedt, Germany

škola

школа

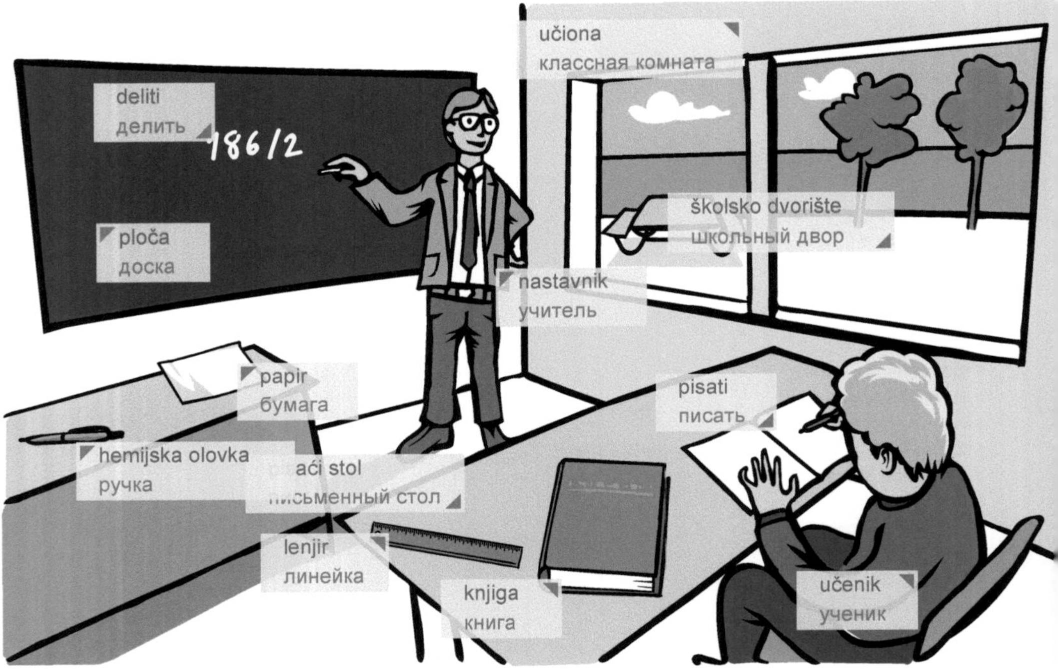

učiona
классная комната
deliti
делить
186/2
ploča
доска
školsko dvorište
школьный двор
nastavnik
учитель
papir
бумага
pisati
писать
hemijska olovka
ручка
aći stol
сьменный стол
lenjir
линейка
knjiga
книга
učenik
ученик

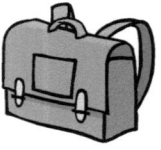

torba

ранец

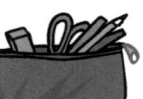

pernica

пенал

grafitna olovka

карандаш

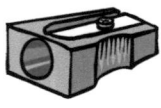

šiljilo za olovke

точилка

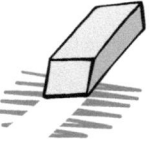

gumica za brisanje

ластик

blok za crtanje

альбом для рисования

crtež

рисунок

kist

кисточка

kutija sa bojama

коробка красок

makaze

ножницы

lepilo

клей

beležnica

тетрадь

domaći zadatak

домашняя работа

12

broj

цифра

2+2

sabirati

прибавлять

5-2

oduzimati

вычитать

2×2

množiti

умножать

računati

считать

A

slovo

буква

ABCDEFG HIJKLMN OPQRSTU VWXYZ

abeceda

алфавит

reč

слово

tekst

текст

čitati

читать

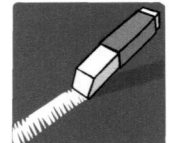

kreda

мел

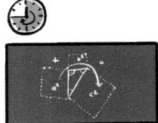

čas

урок

dnevnik

классный журнал

ispit

экзамен

svedočanstvo

диплом

školska uniforma

школьная форма

obrazovanje

образование

leksikon

энциклопедия

univerzitet

университет

mikroskop

микроскоп

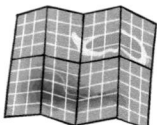

karta

карта

košara za papir

корзина для бумаг

putovanje
путешествие

hotel
гостиница
Grand
prenoćište
турбаза
ROOMS
menjačnica
пункт обмена валюты
EXCHANGE
kofer
чемодан
auto
автомобиль

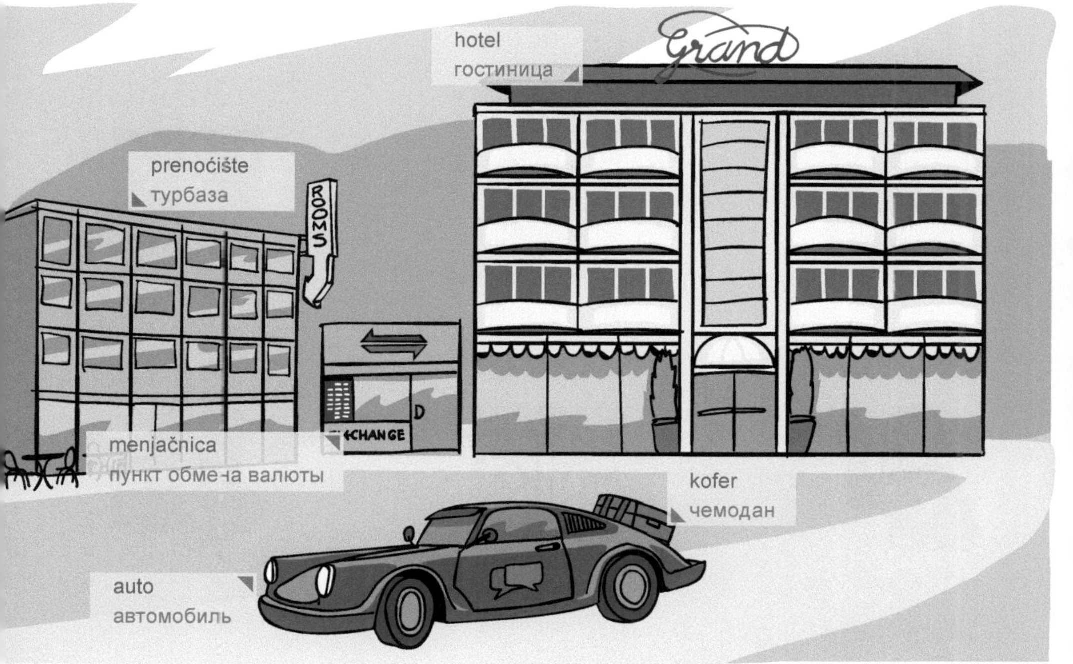

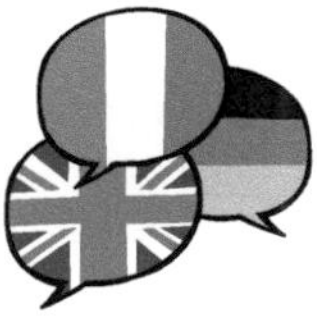

jezik

язык

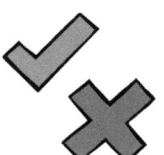

da / ne

да / нет

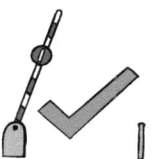

okej

хорошо

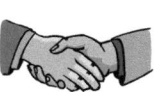

zdravo

Привет

prevodilac

переводчик

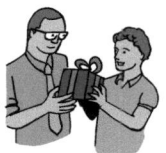

hvala

Спасибо

Koliko košta...?

Сколько стоит...?

ne razumem

Я не понимаю

problem

проблема

dobro veče!

Добрый вечер!

Dobro jutro!

Доброе утро!

Laku noć!

Доброй ночи!

doviđenja

До свидания

smer

направление

prtljaga

багаж

torba

сумка

ruksak

рюкзак

gost

гость

soba

комната

vreća za spavanje

спальный мешок

šator

палатка

turističke informacije

туристическая информация

plaža

пляж

kreditna kartica

кредитная карточка

doručak

завтрак

ručak

обед

večera

ужин

karta za vožnju

билет

lift

лифт

poštanska markica

почтовая марка

granica

граница

carina

таможня

ambasada

посольство

viza

виза

pasoš

паспорт

transport
транспорт

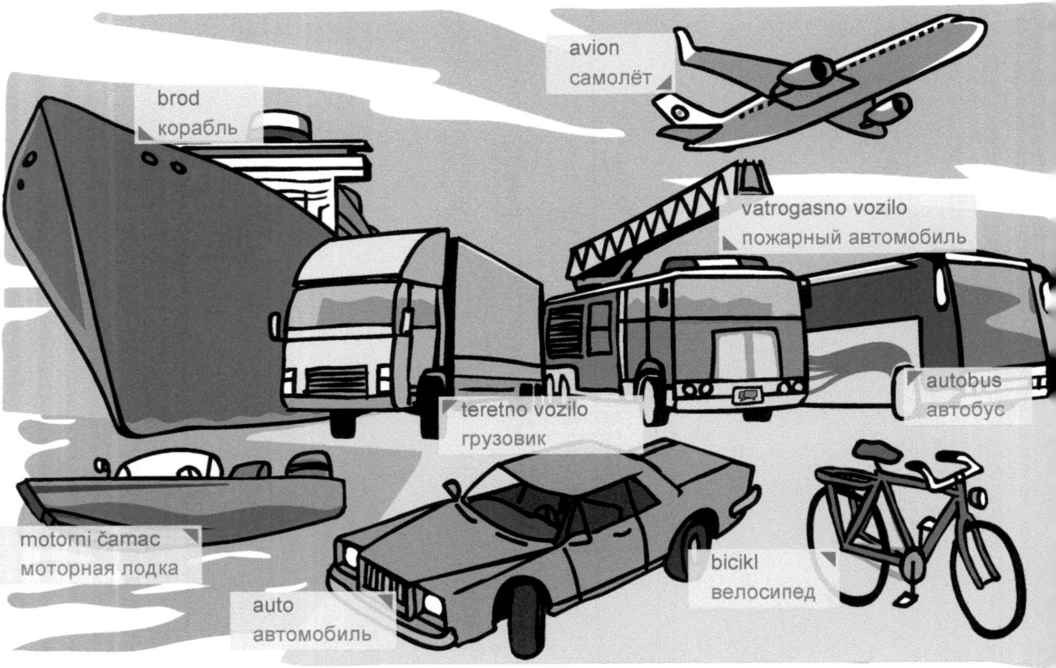
avion
самолёт
brod
корабль
vatrogasno vozilo
пожарный автомобиль
autobus
автобус
teretno vozilo
грузовик
motorni čamac
моторная лодка
bicikl
велосипед
auto
автомобиль

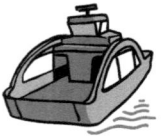

trajekt

паром

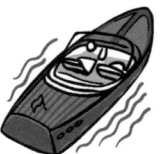

čamac

лодка

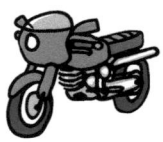

motocikl

мотоцикл

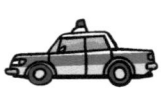

policijski auto

полицейский автомобиль

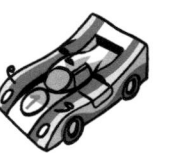

trkaći auto

гоночный автомобиль

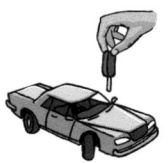

iznajmljeno auto

арендованный автомобиль

delenje automobila

совместное пользование
автомобилями

vučno vozilo

буксировочный
автомобиль

vozilo za odvoz smeća

мусоровоз

motor

двигатель

benzin

топливо

benzinska stanica

заправка

saobraćajni znak

дорожный знак

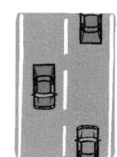

saobraćaj

движение

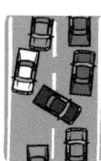

zastoj

пробка

parkiralište

автостоянка

željeznička stanica

вокзал

šine

рельсы

voz

поезд

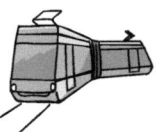

tramvaj

трамвай

vagon

вагон

helikopter

вертолёт

aerodrom

аэропорт

kula

вышка

putnik

пассажир

kontejner

контейнер

karton

коробка

kolica

тележка

korpa

корзина

uzleteti / sleteti

взлетать / приземляться

grad

город

selo

деревня

centar grada

центр города

kuća

дом

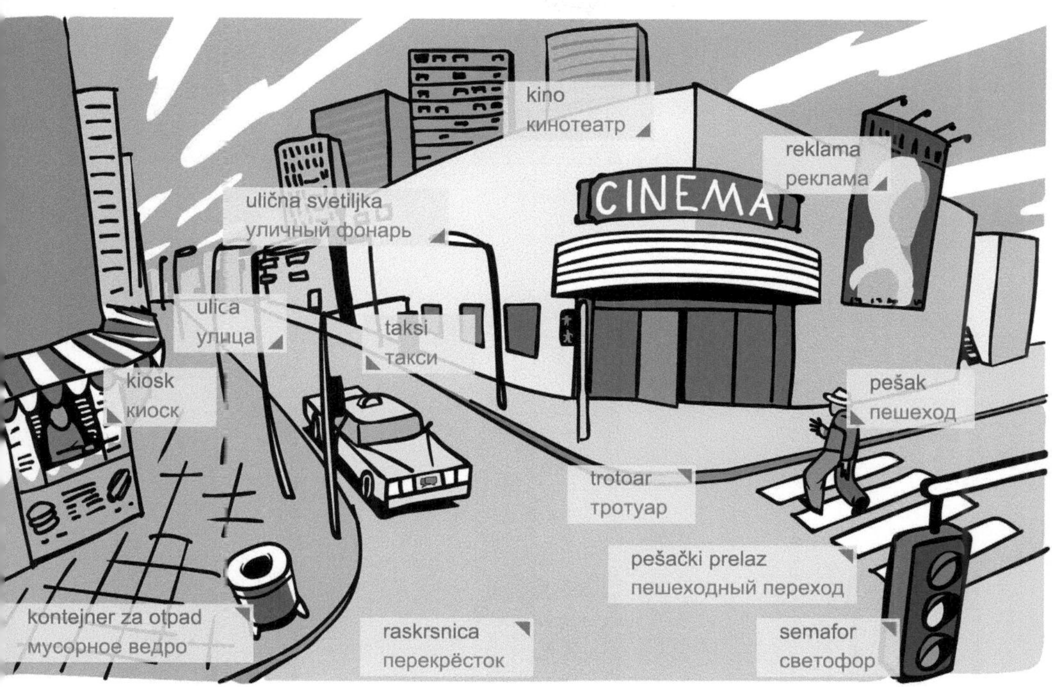

kino
кинотеатр

reklama
реклама

ulična svetiljka
уличный фонарь

ulica
улица

taksi
такси

kiosk
киоск

pešak
пешеход

trotoar
тротуар

pešački prelaz
пешеходный переход

kontejner za otpad
мусорное ведро

raskrsnica
перекрёсток

semafor
светофор

koliba

хижина

stan

квартира

železnička stanica

вокзал

većnica

ратуша

muzej

музей

škola

школа

univerzitet

университет

banka

банк

bolnica

больница

hotel

гостиница

apoteka

аптека

kancelarija

офис

knjižara

книжный магазин

prodavnica

магазин

cvećara

цветочный магазин

supermarket

супермаркет

trg

рынок

robna kuća

универмаг

ribarnica

торговец рыбой

trgovački centar

торговый центр

luka

порт

park

парк

klupa

скамейка

most

мост

stepenice

лестница

podzemna železnica

метро

tunel

тоннель

autobuska stanica

автобусная остановка

bar

бар

restoran

ресторан

poštansko sanduče

почтовый ящик

ulični znak

табличка с названием
улицы

parkirni automat

паркометэ

zoološki vrt

зоопарк

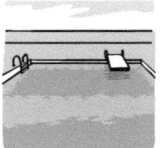

bazen

бассейн

džamija

мечеть

seosko gazdinstvo

ферма

zagađenje okoline

загрязнение окружающей
среды

groblje

кладбище

crkva

церковь

igralište

детская площадка

hram

храм

pejsaž

ландшафт

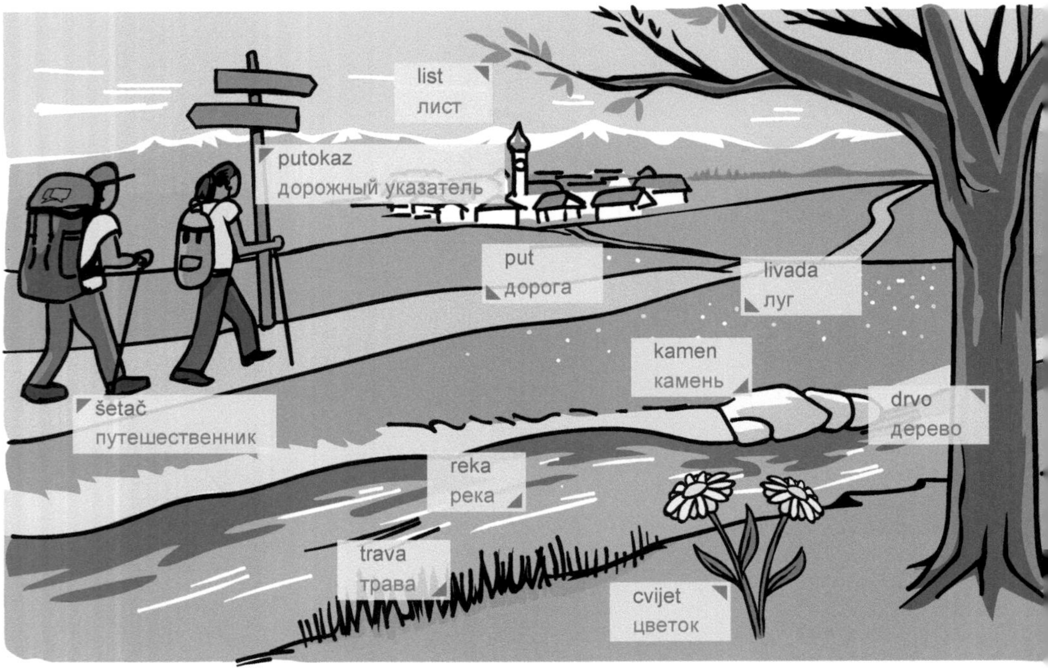

list
лист

putokaz
дорожный указатель

put
дорога

livada
луг

kamen
камень

šetač
путешественник

drvo
дерево

reka
река

trava
трава

cvijet
цветок

dolina

долина

planina

гора

jezero

озеро

šuma

лес

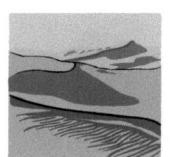

pustinja

пустыня

vulkan

вулкан

dvorac

замок

duga

радуга

gljiva

гриб

palma

пальма

moskito

комар

muva

муха

mrav

муравей

pčela

пчела

pauk

паук

buba

жук

žaba

лягушка

veverica

белка

jež

еж

zec

заяц

sova

сова

ptica

птица

labud

лебедь

divlja svinja

кабан

jelen

олень

los

лось

nasip

плотина

vetrenjača

ветряной генератор

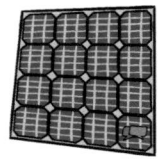

solarna ploča

солнечная батарея

klima

климат

restoran
ресторан

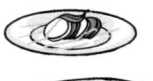

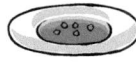

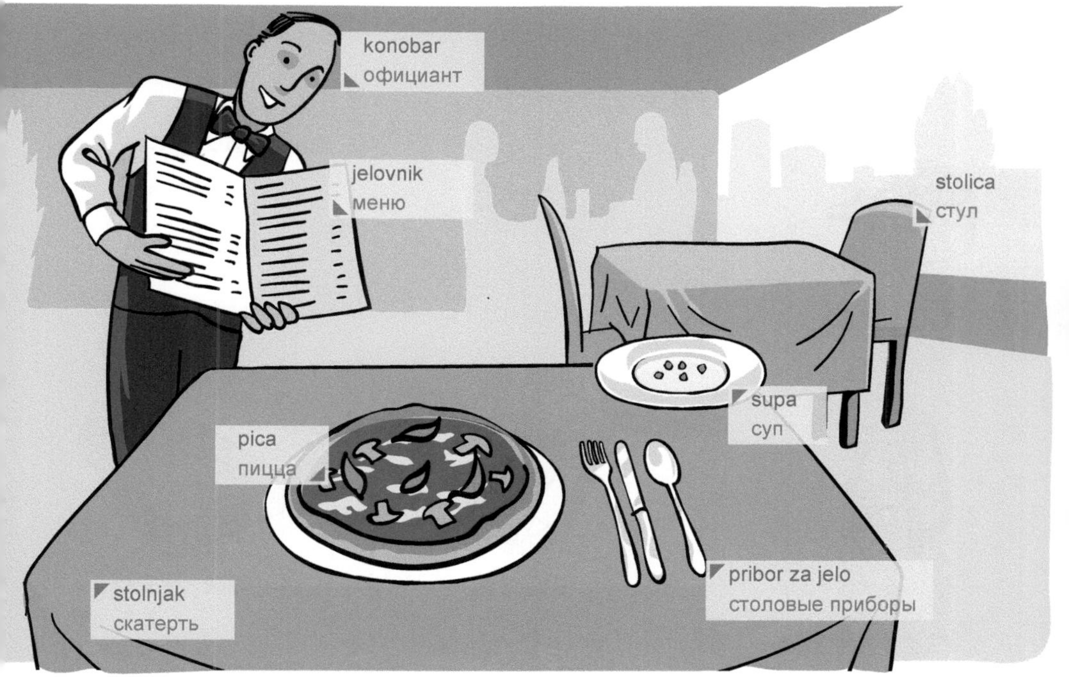
konobar
официант
jelovnik
меню
stolica
стул
supa
суп
pica
пицца
stolnjak
скатерть
pribor za jelo
столовые приборы

predjelo

закуска

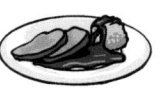

glavno jelo

главное блюдо

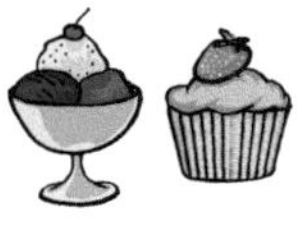

desert

десерт

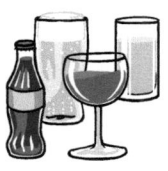

napitci

напитки

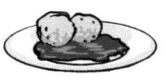

jelo

еда

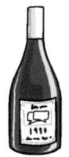

flaša

бутылка

brza hrana

фастфуд

imbis hrana

уличная еда

čajnik

чайник

doza za šećer

сахарница

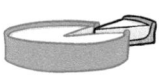

porcija

порция

aparat za espresso

кофеварка

visoka stolica

детский стульчик

račun

счет

poslužavnik

поднос

nož

нож

viljuška

вилка

kašika

ложка

čajna kašika

чайная ложка

salveta

салфетка

čaša

стакан

restoran - ресторан

tanjir

тарелка

tanjir za supu

суповая тарелка

tanjirić

блюдце

sos

соус

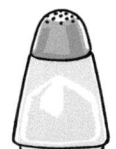

soljenka

солонка

mlin za biber

мельница для перца

sirće

уксус

ulje

масло

začini

специи

kečap

кетчуп

senf

горчица

majoneza

майонез

supermarket
супермаркет

ponuda
специальное предложение
FOR
kupac
покупатель
mlečni proizvodi
молочные продукты
voće
фрукты
kolica za kupovinu
тележка для покупок

BUTCHERS

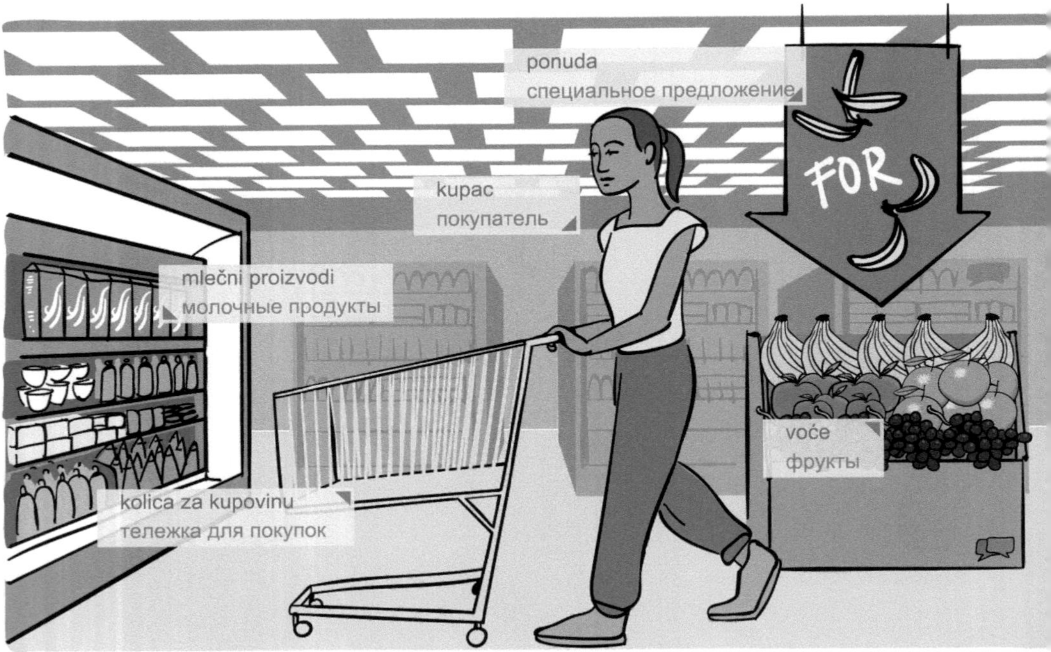

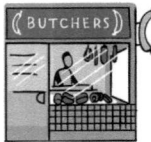

mesnica

мясной магазин

BAKERY

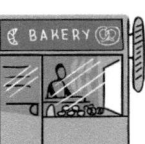

pekara

пекарня

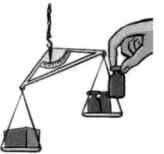

vagati

взвешивать

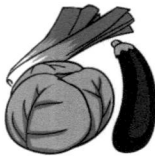

povrće

овощи

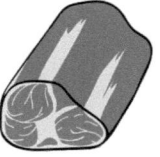

meso

мясо

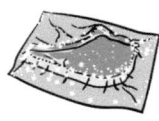

smrznuta hrana

быстрозамороженные продукты

narezak

нарезка

konzerve

консервы

sredstvo za pranje

стиральный порошок

slatkiši

сладости

artikli za domaćinstvo

предмет домашнего обихода

sredstva za čišćenje

моющее средство

prodavačica

продавщица

blagajna

касса

blagajnik

кассир

lista za kupovinu

список покупок

vreme rada

время работы

novčanik

бумажник

kreditna kartica

кредитная карточка

torba

сумка

plastična kesa

полиэтиленовый пакет

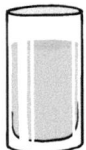

voda

вода

sok

сок

mleko

молоко

kola

кока-кола

vino

вино

pivo

пиво

alkohol

алкоголь

kakao

какао

čaj

чай

kava

кофе

espresso

эспрессо

cappuccino

капучино

banana

банан

jabuka

яблоко

narandža

апельсин

lubenica

арбуз

limun

лимон

šargarepa

морковь

beli luk

чеснок

bambus

бамбук

luk

лук

gljiva

гриб

orašasti plodovi

орехи

rezanci

лапша

špagete

спагетти

riža

рис

salata

салат

pomfrit

картофель фри

pečeni krumpir

жареный картофель

pica

пицца

hamburger

гамбургер

sendvič

сэндвич

šnicla

шницель

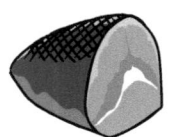

šunka

ветчина

salama

салями

kobasica

колбаса

kokoš

курица

pečenje

жаркое

riba

рыба

zobene pahuljice

овсяные хлопья

musli

мюсли

kukuruzne pahuljice

кукурузные хлопья

brašno

мука

kroasan

круассан

pecivo

булочка

hleb

хлеб

toast

тост

keksi

печенье

maslac

масло

sveži sir

творог

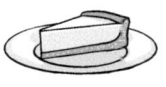

kolač

пирог

jaje

яйцо

jaje na oko

яичница

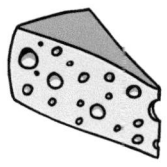

sir

сыр

sladoled

мороженое

šećer

сахар

med

мёд

marmelada

мармелад

nugat krema

крем с нугой

kari

карри

seosko gazdinstvo

ферма

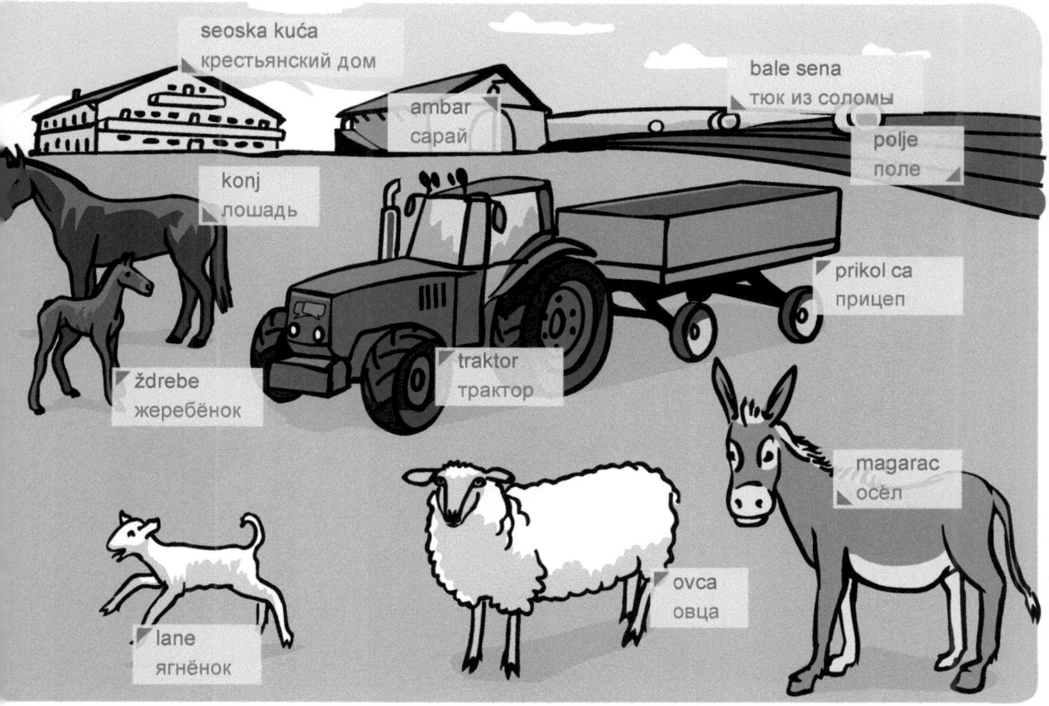
seoska kuća
крестьянский дом
ambar
сарай
bale sena
тюк из соломы
polje
поле
konj
лошадь
prikol ca
прицеп
ždrebe
жеребёнок
traktor
трактор
magarac
осёл
ovca
овца
lane
ягнёнок

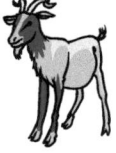

koza

коза

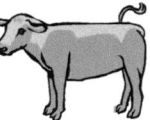

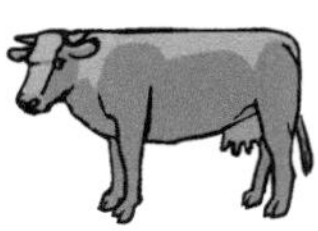
krava

корова

tele

телёнок

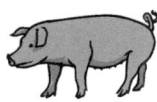

svinja

свинья

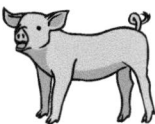

prase

поросёнок

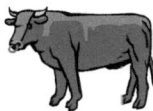

bik

бык

guska

гусь

patka

утка

pilići

цыплёнок

kokoš

курица

petao

петух

pacov

крыса

mačka

кошка

miš

мышь

vol

вол

pas

собака

kućica za psa

конура

vrtno crevo

садовый шланг

kanta za polivanje

лейка

kosa

коса

plug

плуг

srp

серп

motika

мотыга

viljuška za đubrivo

навозные вилы

sekira

топор

tačke

тачка

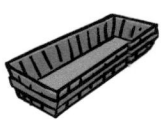

korito

корыто

posuda za mleko

бидон для молока

vreća

мешок

ograda

забор

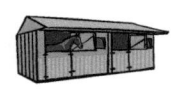

štala

хлев

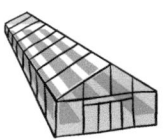

staklenik

теплица

zemlja

почва

seme

посев

đubrivo

удобрение

kombajn

комбайн

žeti
....
собирать урожай

žetva
....
урожай

jams začin
....
ямс

pšenica
....
пшеница

soja
....
соя

krumpir
....
картофель

kukuruz
....
кукуруза

uljana repica
....
рапс

voćka
....
фруктовое дерево

gomolj manioke
....
маниок

žitarice
....
злаки

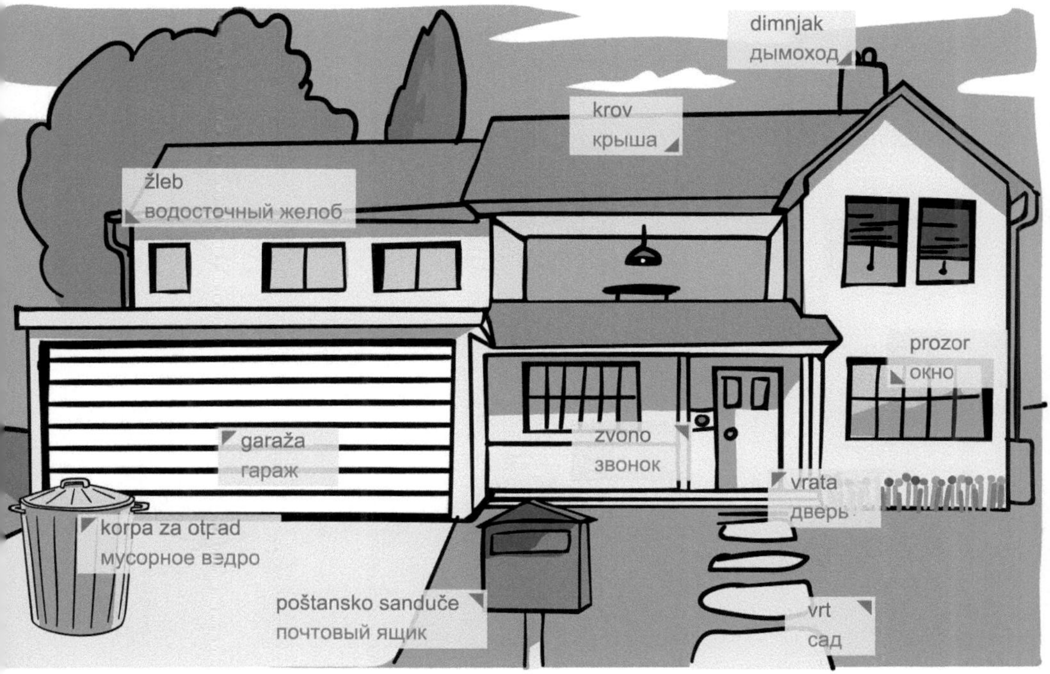

dimnjak
дымоход

krov
крыша

žleb
водосточный желоб

prozor
окно

garaža
гараж

zvono
звонок

vrata
дверь

korpa za otpad
мусорное вэдро

poštansko sanduče
почтовый ящик

vrt
сад

dnevna soba
гостиная

kupaonica
ванная комната

kuhinja
кухня

spavaća soba
спальня

dečija soba
детская комната

trpezarija
столовая

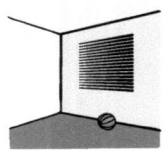

pod

пол

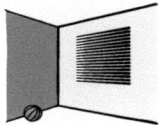

zid

стена

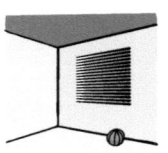

strop

потолок

podrum

подвал

sauna

сауна

balkon

балкон

terasa

терраса

bazen

бассейн

kosilica za travu

газонокосилка

posteljina za krevet

пододеяльник

deka za krevet

покрывало

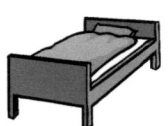

krevet

кровать

metla

метла

kanta

ведро

prekidač

выключатель

dnevna soba

гостиная

tapeta
обои
slika
рисунок
svetiljka
лампа
regal
полка
ormar
шкаф
televizija
телевизор
kamin
камин
cvijet
цветок
jastuk
подушка
kauč
диван
vaza
ваза
daljinski upravljač
пульт дистанционного управления

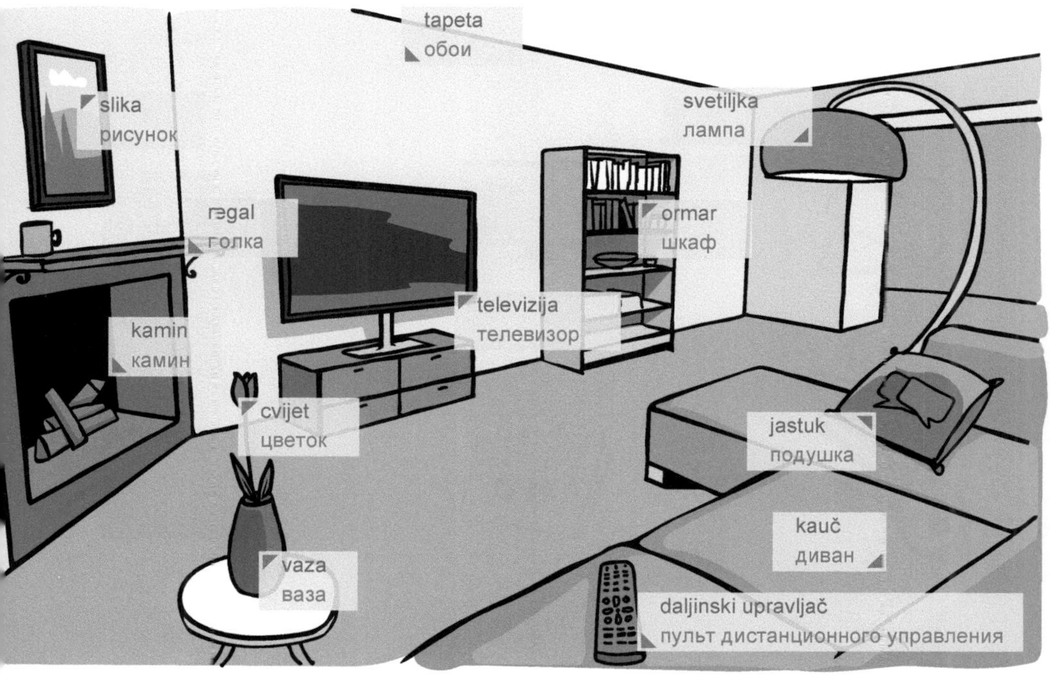

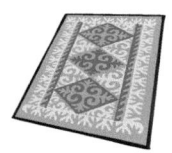

tepih

ковёр

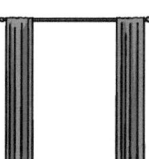

zavesa

штора

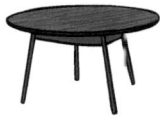

sto

стол

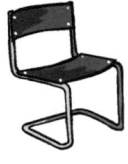

stolica

стул

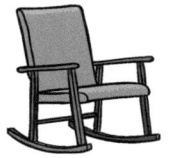

stolica za njihanje

кресло-качалка

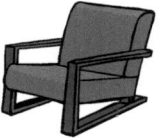

fotelja

кресло

knjiga
книга

deka
покрывало

dekoracija
украшение

drvo za ogrev
дрова

film
фильм

hi-fi uređaj
стереосистема

ključ
ключ

novine
газета

slika na platnu
картина

poster
плакат

radio
радио

blok za pisanje
блокнот

usisivač
пылесос

kaktus
кактус

sveća
свеча

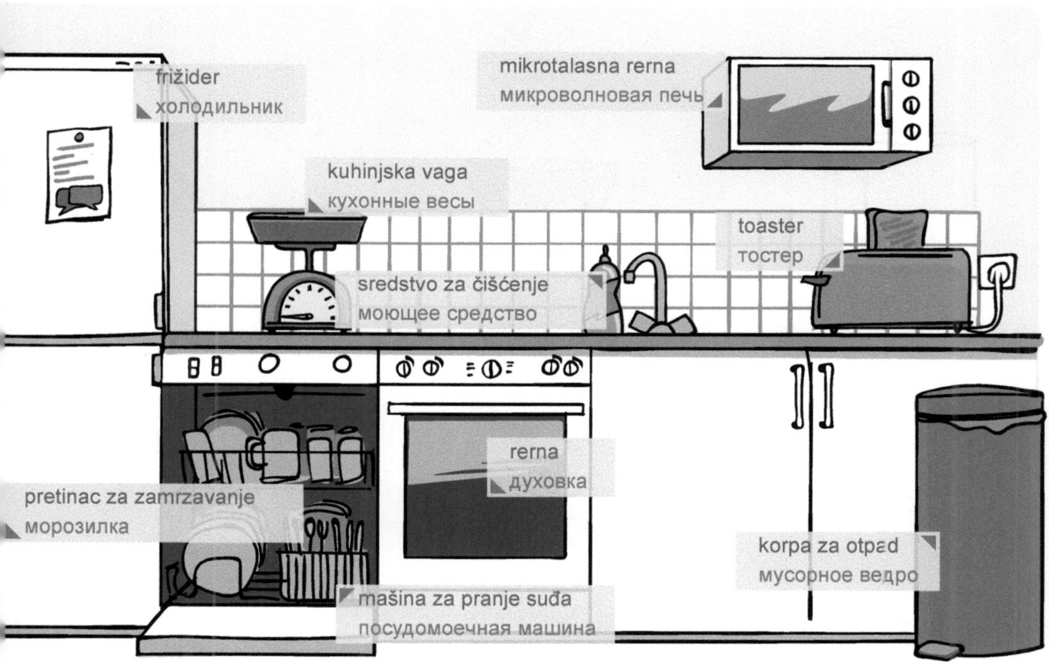

frižider
холодильник

mikrotalasna rerna
микроволновая печь

kuhinjska vaga
кухонные весы

sredstvo za čišćenje
моющее средство

toaster
тостер

pretinac za zamrzavanje
морозилка

rerna
духовка

korpa za otpad
мусорное ведро

mašina za pranje suđa
посудомоечная машина

šporet
плита

lonac
кастрюля

gvozdeni lonac
чугунный котэлок

wok / kadai
вок / кадай

tava
сковорода

kuvalo za vodu
чайник

kuvalo na paru

пароварка

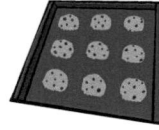

lim za pečenje

противень

posuđe

посуда

čaša

кружка

posuda

миска

štapići za jelo

палочки для еды

kutlača

половник

lopatica

лопатка

penjača

сбивалка

sito za kuvanje

сито

sito

сито

ribež

тёрка

mužar

ступка

roštilj

гриль

ognjište

костёр

daska

доска

oklagija

скалка

vadičep

штопор

konzerva

жестяная банка

otvarač konzervi

консервный нож

krpa za lonac

прихватка

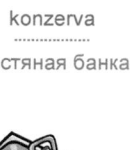

sudoper

раковина

četka

щетка

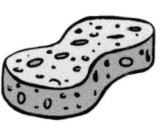

sunđer

губка

mikser

миксер

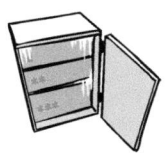

zamrzivač

морозильная камера

flašica za bebe

бутылочка для кормления

slavina za vodu

кран

kupaonica

ванная комната

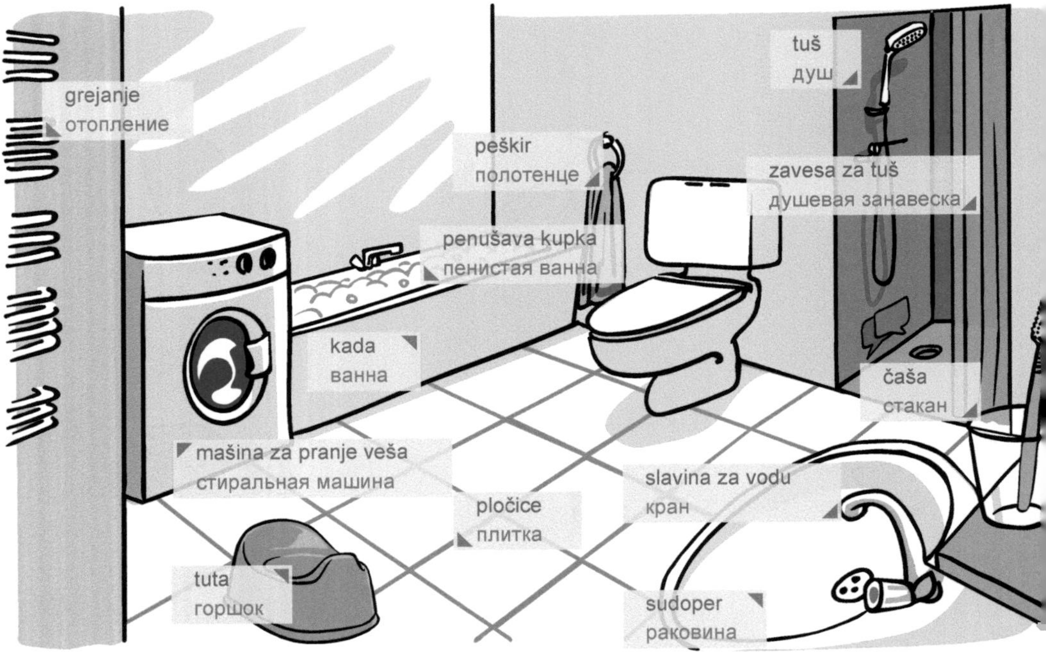

tuš
душ

grejanje
отопление

peškir
полотенце

zavesa za tuš
душевая занавеска

penušava kupka
пенистая ванна

kada
ванна

čaša
стакан

mašina za pranje veša
стиральная машина

slavina za vodu
кран

pločice
плитка

tuta
горшок

sudoper
раковина

toalet
туалет

čučavac
напольный унитаз

bidet
биде

pisoar
писсуар

toaletni papir
туалетная бумага

četka za toalet
ершик

četkica za zube

зубная щетка

pasta za zube

зубная паста

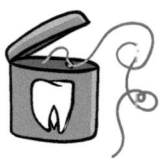

konac za zube

зубная нить

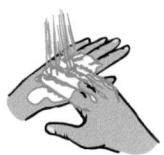

prati

мыть

tuš ručica

ручной душ

tuš za pranje int mnih delova

интимный душ

lavor

таз

četka za pranje leđa

щетка для спины

sapun

мыло

gel za tuširanje

гель для душа

šampon

шампунь

krpa za pranje

мочалка

odvod

сток

krema

крем

dezodorars

дезодорант

ogledalo

зеркало

kozmetičko ogledalo

ручное зеркало

brijač

бритва

pena za brijanje

пена для бритья

losion za posle brijanja

лосьон после бритья

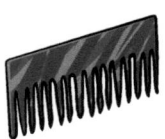

češalj

расческа

četka

щетка

fen za kosu

фен

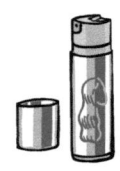

sprej za kosu

лак для волос

makeup

косметика

ruž za usne

губная помада

lak za nokte

лак для ногтей

vata

вата

makaze za nokte

маникюрные ножницы

parfem

духи

kozmetička torbica

косметичка

stolica

табуретка

vaga

весы

ogrtač

халат

rukavice za čišćenje

резиновые перчатки

tampon

тампон

uložak

игиеническая прокладка

hemijski toalet

биотуалет

dečija soba
детская комната

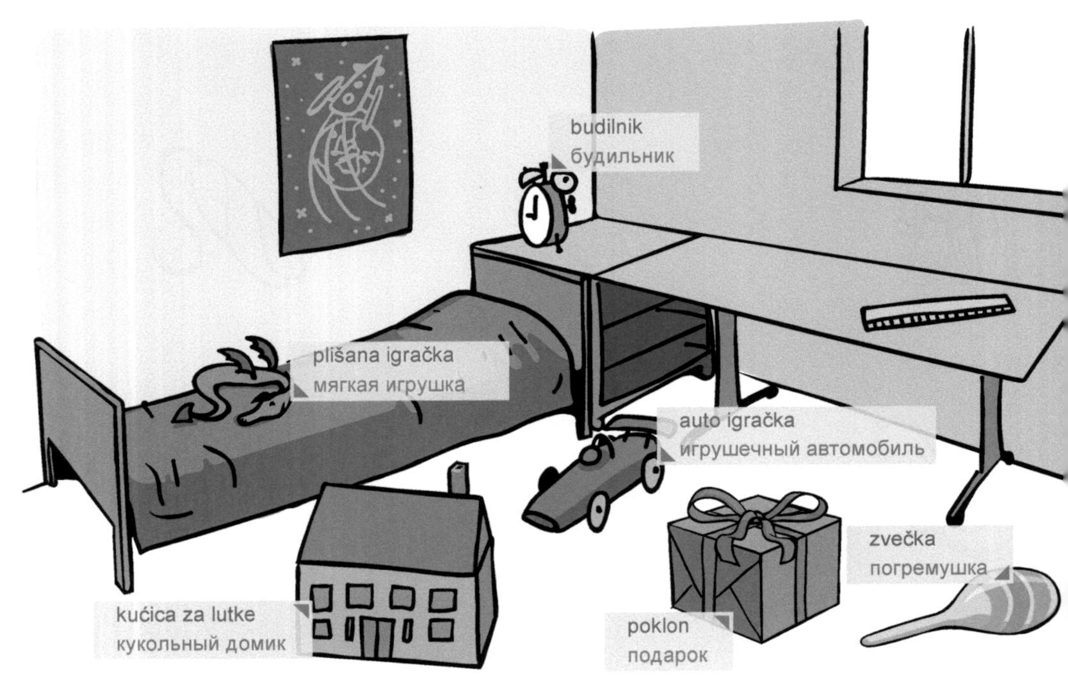

budilnik
будильник
plišana igračka
мягкая игрушка
auto igračka
игрушечный автомобиль
zvečka
погремушка
kućica za lutke
кукольный домик
poklon
подарок

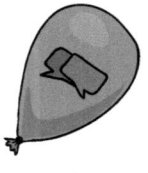

balon

воздушный шар

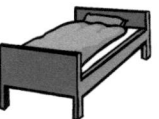

krevet

кровать

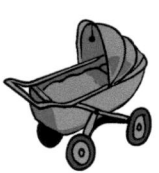

dječija kolica

детская коляска

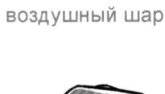

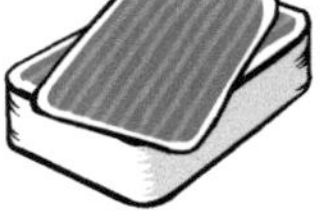

igra s kartama

карточная игра

slagalica

пазл

SUPER
MEGA

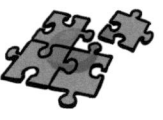

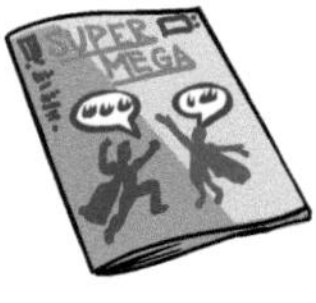

strip

комикс

lego kockice

кирпичики Лего

kockice za slaganje

кубики

akcioni junak

игрушечная фигурка

benkica za bebe

ползунки

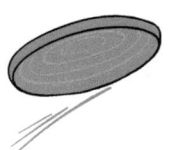

frizbi

фрисби

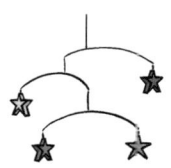

viseće igračke

мобиле

društvene igre

настольная игра

kocka

кубик

minijaturna željeznica

модель железной дороги

duda

соска

zabava

вечеринка

slikovnica

книга с картинками

lopta

мяч

lutka

кукла

igrati

играть

pješčanik

песочница

ljuljačka

качели

igračka

игрушка

konzola za igre

игровая приставка

tricikl

трёхколесный велосипед

tedi

плюшевый медвежонок

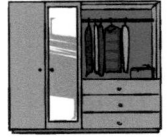

ormar

шкаф для одежды

odeća

одежда

kratke čarape

носки

čarape

чулки

hulahopke

колготки

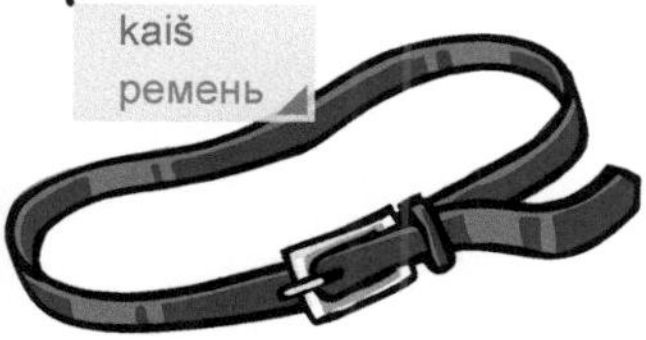

šal
шарф

kišobran
зонтик

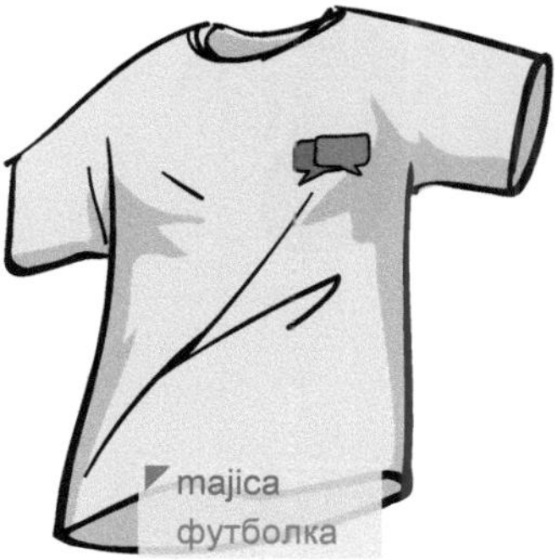

kaiš
ремень

majica
футболка

čizme
сапоги

papuče
тапки

patike
кроссовки

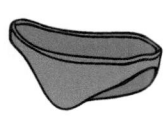	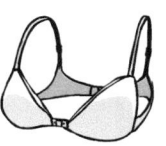	
sandale	cipele	gumene čizme
сандалии	ботинки	резиновые сапоги
gaćice	grudnjak	potkošulja
трусы	бюстгальтер	майка

bodi
боди

pantalone
брюки

farmerke
джинсы

suknja
юбка

bluza
блузка

košulja
рубашка

džemper
свитер

džemper s kapuljačom
свитер

sako
спортивная куртка

jakna
жакет

kaput
пальто

kabanica
плащ

kostim
костюм

haljina
платье

venčanica
свадебное платье

odelo

мужской костюм

spavaćica

ночная сорочка

pidžama

пижама

sari

сари

marama za glavu

платок

turban

тюрбан

burka

паранджа

kaftan

кафтан

abaja

абайя

kupaći kostim

купальник

kupaće gaćice

плавки

kratke pantalɔne

шорты

odeća za trening

спортивный костюм

kecelja

фартук

rukavice

перчатки

dugme

пуговица

naočare

очки

narukvica

браслет

ogrlica

цепочка

prsten

кольцо

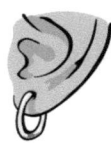

naušnica

серьга

kapa

шапка

vešalica

вешалка

šešir

шляпа

kravata

галстук

patent zatvarač

застежка молния

kaciga

шлем

naramenice

подтяжки

školska uniforma

школьная форма

uniforma

форма

podbradak

детский нагрудник

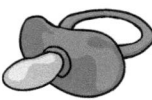

duda

соска

pelena

подгузник

kancelarija
офис

server
сервер

ormar za spise
канцелярский шкаф

štampač
принтер

papir
бумага

monitor
монитор

pisaći stol
письменный стол

miš
мышь

mapa
папка

tastatura
клавиатура

košara za papir
корзина для бумаг

kompjuter
компьютер

stolica
стул

šalica za kavu

кофейная кружка

kalkulator

калькулятор

internet

интернет

laptop

ноутбук

pismo

письмо

poruka

сообщение

mobilni telefon

мобильный телефон

mreža

сеть

uređaj za kopiranje

ксерокс

softver

программа

telefon

телефон

utičnica

розетка

faks

факс

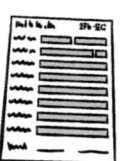

formular

формуляр

dokument

документ

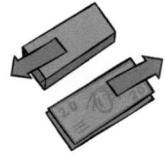

kupovati
покупать

platiti
платить

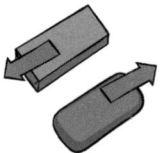

trgovati
торговать

novac
деньги

USD

dolar
доллар

EUR

evro
евро

JPY

jen
иена

RUB

rublja
рубль

CHF

švajcarski franak
франк

CNY

renmindbi juan
жэньминьби юань

INR

rupija
рупия

automat za novac
банкомат

menjačnica

пункт обмена валюты

zlato

золото

srebro

серебро

nafta

нефть

energija

энергия

cena

цена

ugovor

договор

porez

налог

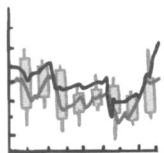

deonica

акция

raditi

работать

službenik

служащий

poslodavac

работодатель

fabrika

фабрика

prodavnica

магазин

policajac
милиционер

vatrogasac
пожарный

kuvar
повар

lekar
врач

pilot
пилот

vrtlar

садовник

stolar

столяр

krojačica

швея

sudija

судья

hemičar

химик

glumac

актёр

vozač autobusa

водитель автобуса

vozač taksija

таксист

ribar

рыбак

čistačica

уборщица

krovopokrivač

кровельщик

konobar

официант

lovac

охотник

slikar

художник

pekar

пекарь

električar

электрик

građevinski radnik

строитель

inženjer

инженер

mesar

мясник

limar

сантехник

poštar

почтальон

vojnik
....
солдат

arhitekta
....
архитектор

blagajnik
....
кассир

cvećar
....
флорист

frizer
....
парикмахер

kondukter
....
кондуктор

mehaničar
....
механик

kapetan
....
капитан

zubar
....
зубной врач

naučnik
....
ученый

rabi
....
раввин

imam
....
имам

monah
....
монах

svećenik
....
священник

alati

инструменты

klešta
плоскогубцы
čekić
молоток
odvijač
отвёртка
džepna lampa
карманный фо
ključ za zavrtnje
гаечный ключ

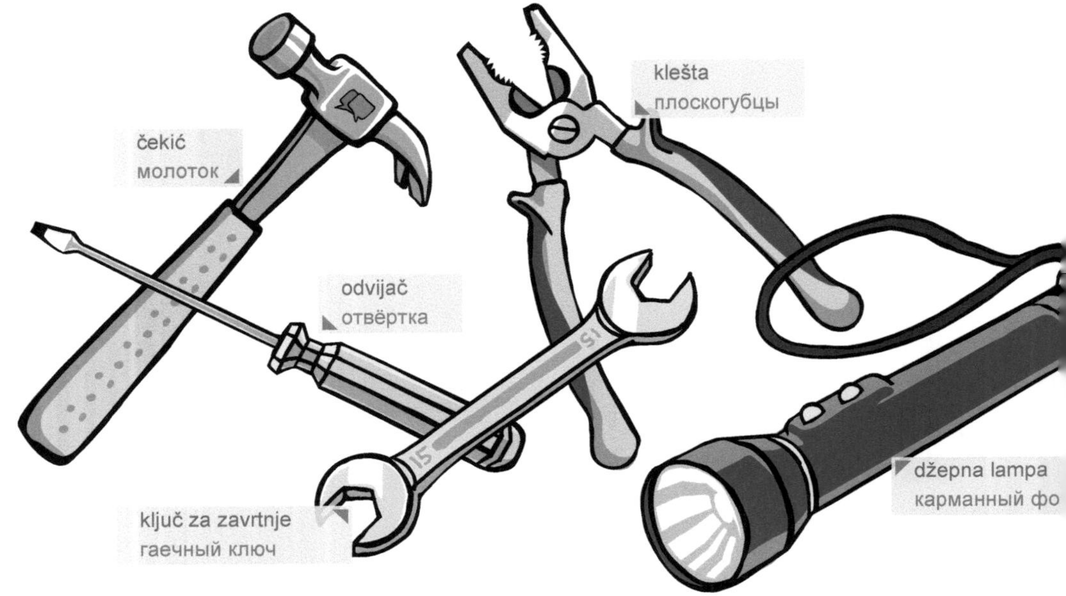

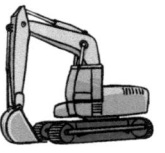

bager

экскаватор

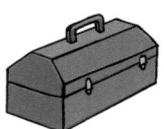

kutija za alat

ящик для инструментов

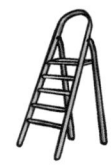

merdevine

стремянка

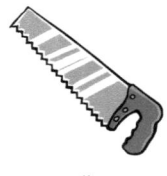

pila

пила

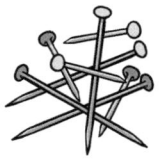

ekser

гвозди

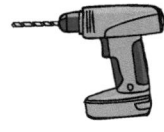

bušilica

дрель

popraviti

ремонтировать

lopata

лопата

do đavola!

Блин!

lopatica

совок

lonac za boju

ведро с краской

zavrtanji

винты

muzički instrument
музыкальные инструменты

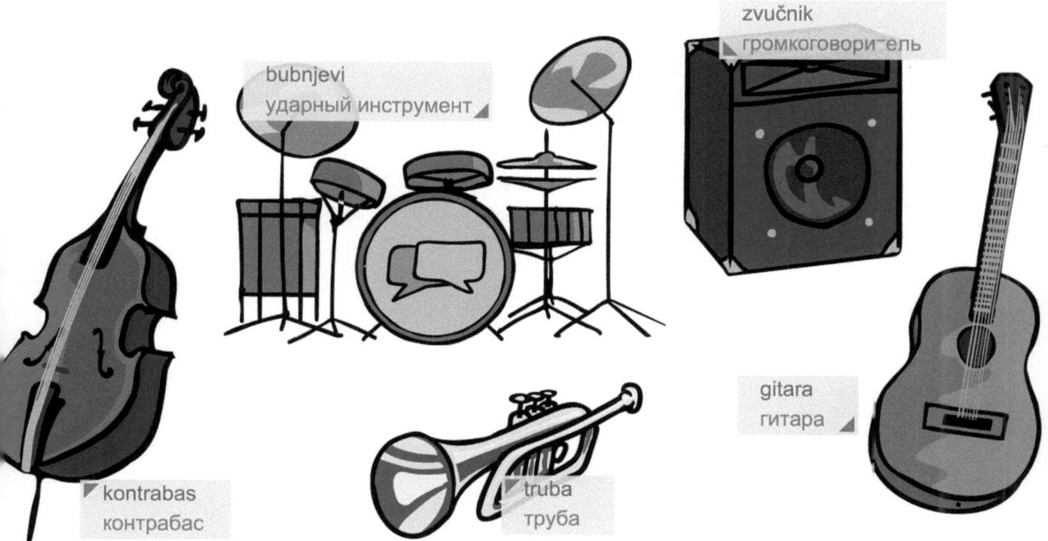

zvučnik
громкоговоритель

bubnjevi
ударный инструмент

kontrabas
контрабас

truba
труба

gitara
гитара

klavir

пианино

violina

скрипка

bas

бас-гитара

timpani

литавры

udaraljke za bubnjeve

барабан

tipke klavira

синтезатор

saksofon

саксофон

flauta

флейта

mikrofon

микрофон

tigar
тигр

ulaz
вход

kavez
клетка

zebra
зебра

hrana za životinje
корм

panda
панда

životinje

животные

slon

слон

kengur

кенгуру

nosorog

носорог

gorila

горилла

medved

медведь

kamila

верблюд

noj

страус

lav

лев

majmun

обезьяна

flamingo

фламинго

papagaj

попугай

polarni medved

белый медведь

pingvin

пингвин

ajkula

акула

paun

павлин

zmija

змея

krokodil

крокодил

čuvar u zoološkom vrtu

служитель зоопарка

tuljan

тюлень

jaguar

ягуар

poni

пони

leopard

леопард

nilski konj

бегемот

žirafa

жираф

orao

орёл

divlja svinja

кабан

riba

рыба

kornjača

черепаха

morž

морж

lisica

лиса

gazela

газель

sport
спорт

americki nogomet
американский футбол

biciklizam
езда на велосипеде

tenis
теннис

košarka
баскетбол

plivanje
плавание

boks
бокс

hokej na ledu
хоккей

fudbal
футбол

badminton
бадминтон

atletika
лёгкая атлетика

rukomet
гандбол

skijanje
лыжный спорт

polo
поло

aktivnosti
действия

skočiti
прыгать
zagrliti
обнимать
smejati se
смеяться
ići
идти
pevati
петь
sanjati
мечтать
moliti se
молиться
poljubiti
целовать

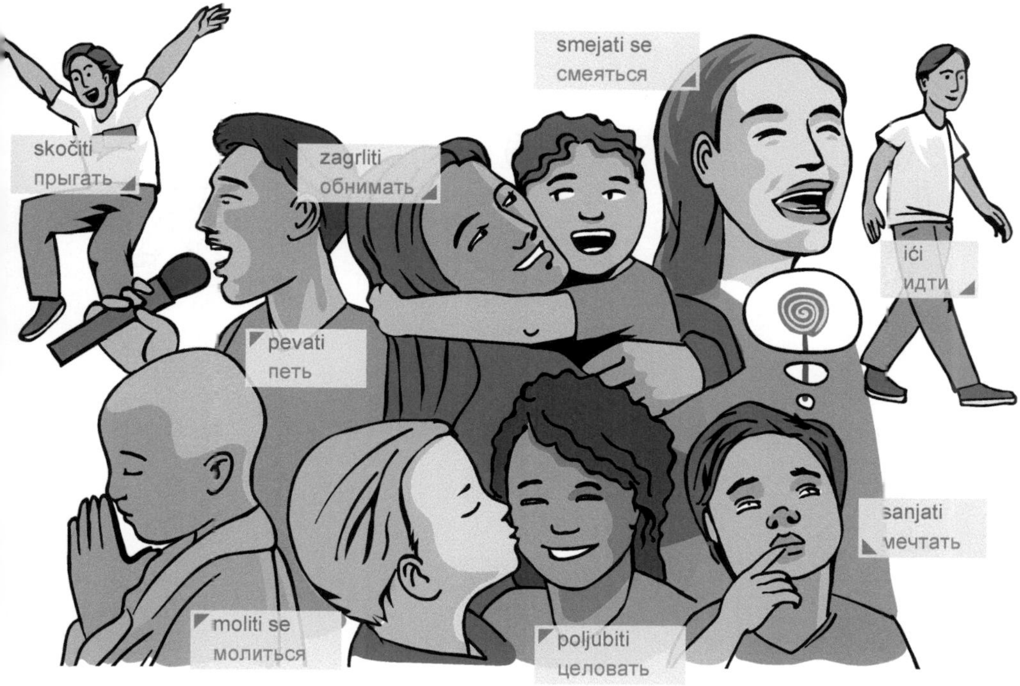

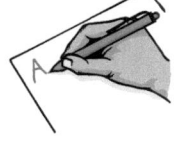

pisati

писать

crtati

рисовать

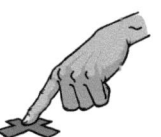

pokazati

показывать

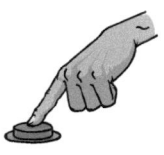

gurati

нажимать

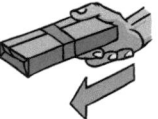

dati

давать

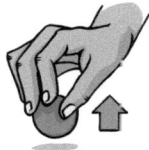

uzeti

брать

imati

иметь

činiti

делать

biti

быть

stojati

стоять

trčati

бежать

povlačiti

тянуть

baciti

бросать

padati

падать

ležati

лежать

čekati

ждать

nositi

носить

sediti

сидеть

oblačiti

надевать

spavati

спать

probuditi se

просыпаться

gledati
рассматривать

plakati
плакать

milovati
гладить

češljati
причесывать

govoriti
говорить

razumeti
понимать

pitati
спрашивать

slušati
слушать

piti
пить

jesti
кушать

pospremiti
наводить порядок

voleti
любить

kuhati
готовить

voziti
ехать

leteti
летать

ploviti

ходить под парусом

računati

считать

čitati

читать

učiti

учиться

raditi

работать

venčati se

вступать в брак

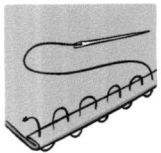

šiti

шить

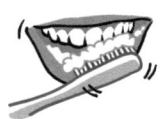

prati zube

чистить зубы

ubiti

убивать

pušiti

курить

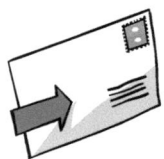

poslati

отправлять

baka
бабушка

deda
дедушка

otac
папа

majka
мама

beba
младенец

kćerka
дочь

sin
сын

gost
....
гость

tetka
....
тетя

ujak, stric
....
дядя

brat
....
брат

sestra
....
сестра

telo

тело

čelo
лоб
oko
глаз
rame
плечо
prst
палец
lice
лицо
brada
подбородок
ruka
кисть
noga
нога
grudi
грудь
ruka
рука

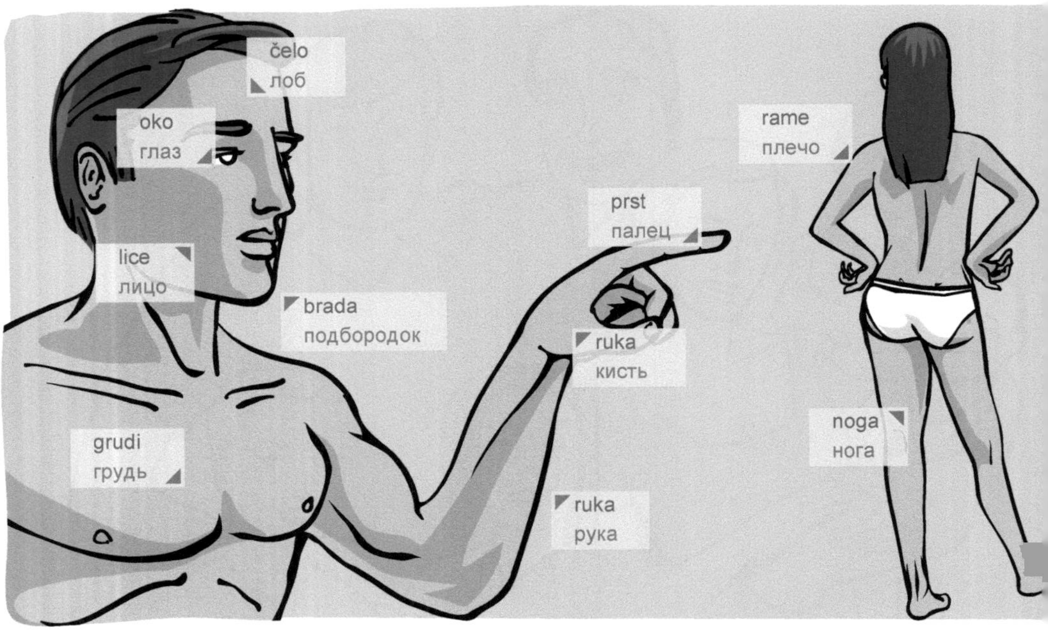

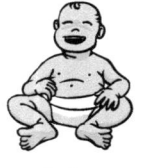

beba
младенец

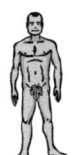

muškarac
мужчина

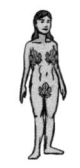

žena
женщина

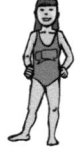

devojčica
девочка

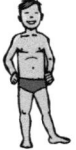

dečak
мальчик

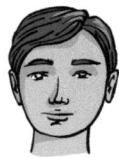

glava
голова

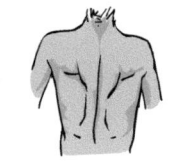

leđa

спина

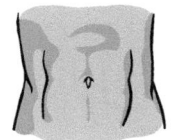

stomak

живот

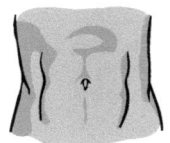

pupak

пупок

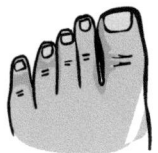

nožni prst

палец ноги

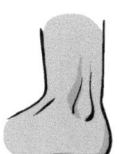

peta

пятка

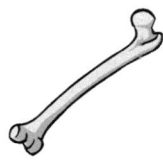

kost

кость

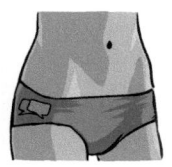

kukovi

бедро

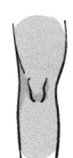

koleno

колено

lakat

локоть

nos

нос

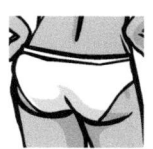

zadnjica

ягодицы

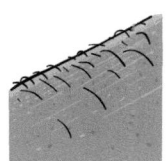

koža

кожа

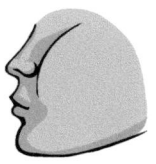

obraz

щека

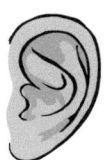

uvo

ухо

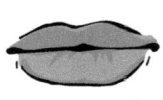

usna

губа

usta

рот

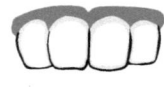

zub

зуб

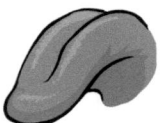

jezik

язык

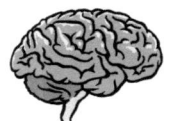

mozak

мозг

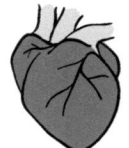

srce

сердце

mišić

мышца

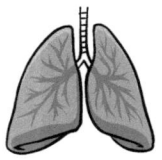

pluća

лёгкое

jetra

печень

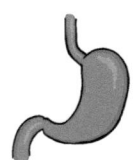

želudac

желудок

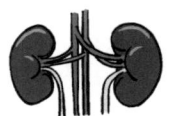

bubrezi

почки

polni odnos

половой акт

kondom

презерватив

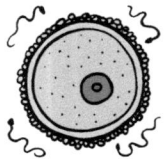

jajna ćelija

яйцеклетка

sperma

сперма

trudnoća

беременность

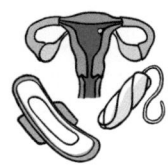

menstruacija

менструация

vagina

вагина

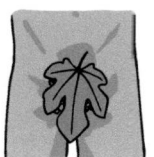

penis

пенис

obrva

бровь

kosa

волосы

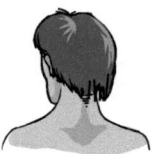

vrat

шея

bolnica

больница

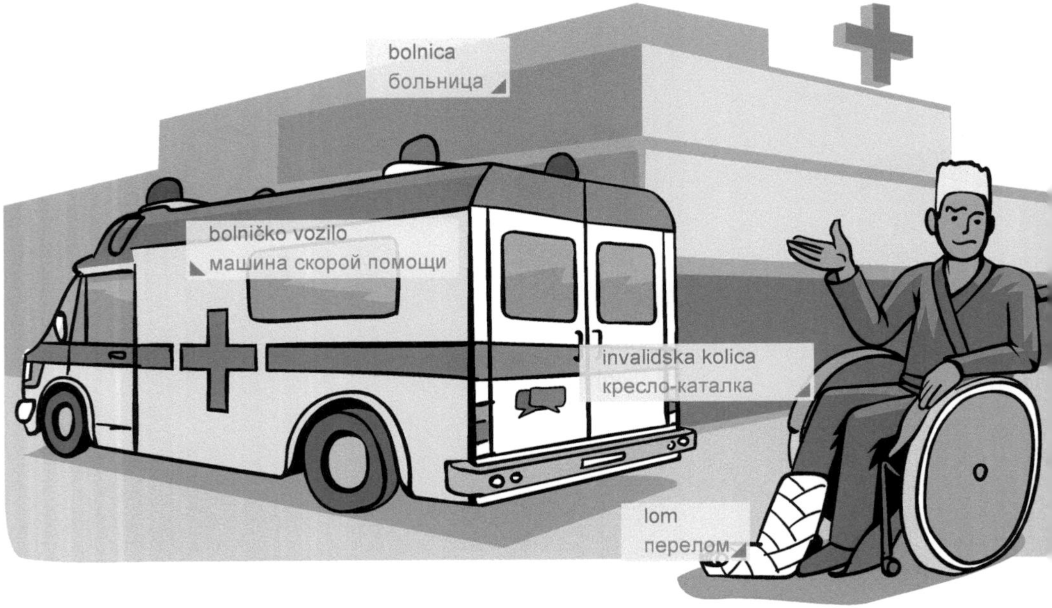

bolnica
больница
bolničko vozilo
машина скорой помощи
invalidska kolica
кресло-каталка
lom
перелом

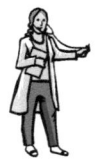

lekar

врач

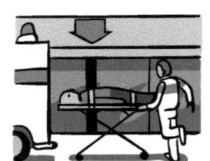

hitna medicinska služba

пункт первой помощи

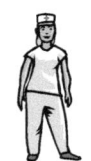

medicinska sestra

медсестра

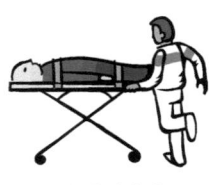

hitni slučaj

неотложный случай

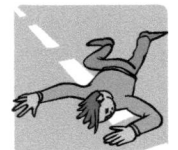

nesvest

без сознания

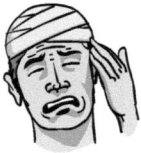

bol

боль

povreda

повреждение

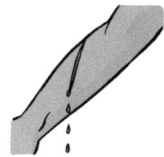

krvarenje

кровотечение

srčani udar

инфаркт

udar

инсульт

alergija

аллергия

kašalj

кашель

groznica

вышенная температура

gripa

грипп

proliv

понос

glavobolja

головная боль

rak

рак

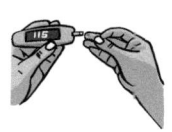

dijabetes

диабет

hirurg

хирург

skalpel

скальпель

operacija

операция

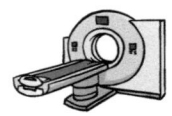

ct

КТ

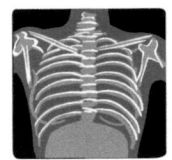

rentgen

рентген

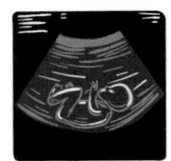

ultrazvuk

ультразвук

maska

маска

bolest

болезнь

čekaona

приёмная

štaka

костыль

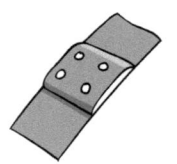

flaster

пластырь

zavoj

бинт

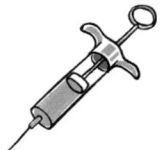

injekcija

укол

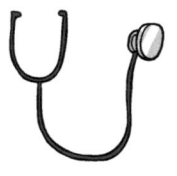

stetoskop

стетоскоп

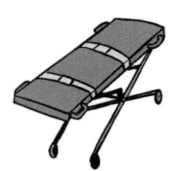

nosila

носилки

termometar

термометр

rođenje

рождение

prekomerna težina

избыточный вес

slušni aparat

слуховой аппарат

sredstvo za dezinfekciju

дезинфекционное средство

infekcija

инфекция

virus

вирус

HIV / AIDS

ВИЧ / СПИД

medicina

лекарство

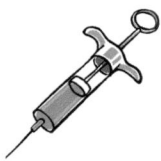

vakcinacija

прививка

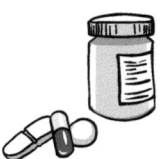

tablete

таблетки

pilula

противозачаточная таблетка

hitni poziv

экстренный вызов

uređaj za merenje pritiska

прибор для измерения кровяного давления

bolesno / zdravo

больной / здоровый

pomoć!

Помогите!

nasrtaj

нападение

alarm

сигнал тревоги

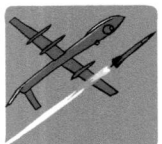

napad

атака

opasnost

опасность

izlaz u slučaju nužde

запасной выход

požar!

Пожар!

protivpožarni aparat

огнетушитель

nezgoda

несчастный случай

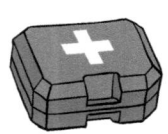

kutija prve pomoći

аптечка

sos

SOS

policija

милиция

Evropa

Европа

Severna Amerika

Северная Америка

Južna Amerika

Южная Америка

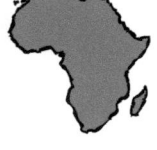

Afrika

Африка

Azija

Азия

Australija

Австралия

Atlantik

Атлантический океан

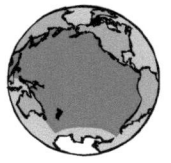

Pacifik

Тихий океан

Indijski okean

Индийский океан

Antarktički okean

Антарктический океан

Arktički ocean

Северный Ледовитый
океан

Severni pol

Северный полюс

Južni pol

Южный полюс

Antarktik

Антарктика

zemlja

земля

zemlja

суша

more

море

otok

остров

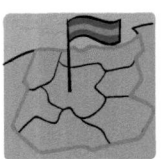

nacija

нация

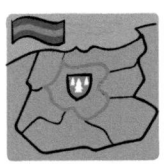

država

государство

brojčanik sata

циферблат

satna kazaljka

часовая стрелка

minutna kazaljka

минутная стрелка

sekundna kazaljka

секундная стрелка

Koliko je sati?

Который час?

dan

день

vreme

время

sada

сейчас

digitalni sat

электронные часы

minuta

минута

čas

час

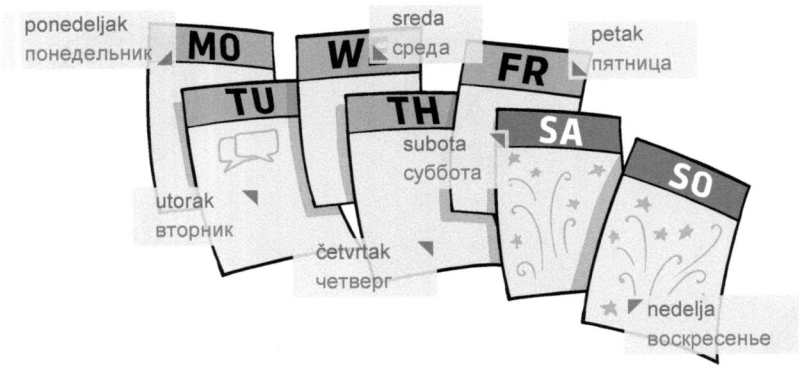

ponedeljak / понедельник — MO
sreda / среда — W
petak / пятница — FR
TU
TH
SA
subota / суббота
SO
utorak / вторник
četvrtak / четверг
nedelja / воскресенье

juče
вчера

danas
сегодня

sutra
завтра

jutro
утро

podne
полдень

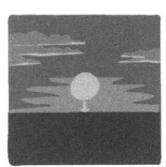

veče
вечер

radni dani
рабочие дни

vikend
выходные

kiša
дождь

duga
радуга

vetar
ветер

sneg
снег

proleće
весна

jesen
осень

leto
лето

zima
зима

4.APRIL	11°	☀
5.APRIL	4°	☁
6.APRIL	13°	⛅
7.APRIL	8°	☁
8.APRIL	10°	☀

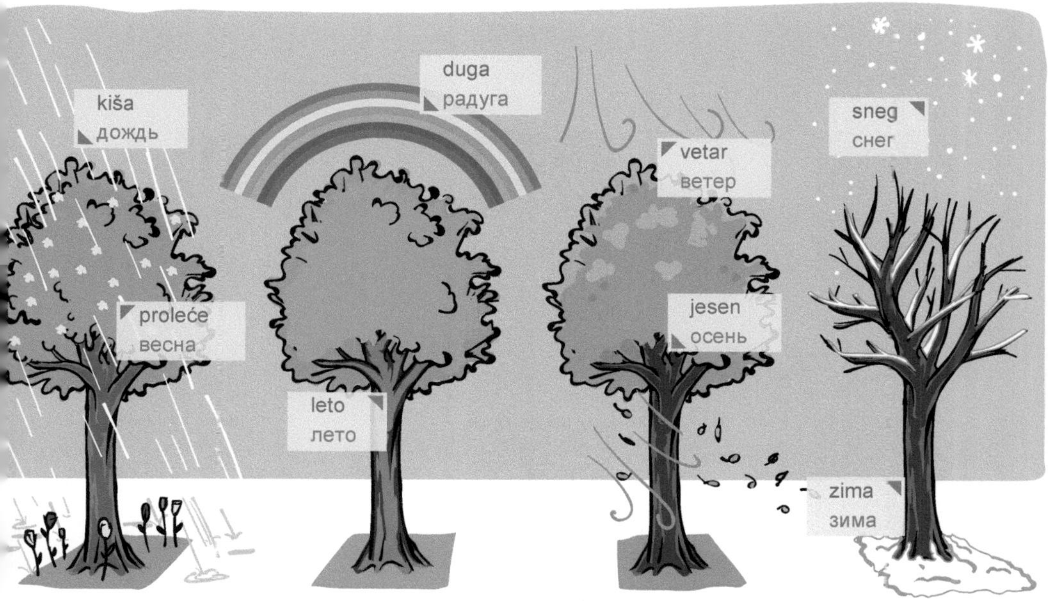

meteorološka prognoza

прогноз погоды

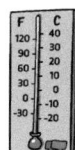

termometar

термометр

sunčana svetlost

солнечный свет

oblak

туча

magla

туман

vlažnost vazduha

влажность воздуха

munja

молния

grmljavina

гром

oluja

буря

tuča

град

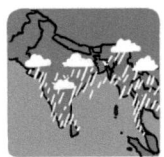

monsun

муссон

poplava

наводнение

led

лёд

januar

январь

februar

февраль

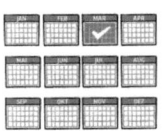

mart

март

april

апрель

maj

май

juni

июнь

juli

июль

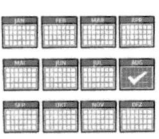

avgust

август

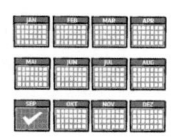

septembar
....
сентябрь

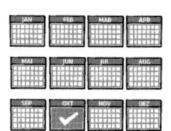

oktobar
....
октябрь

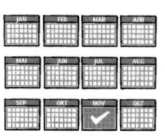

novembar
....
ноябрь

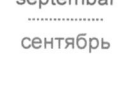

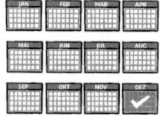

decembar
....
декабрь

oblici
формы

krug
....
круг

kvadrat
....
квадрат

pravougao
....
прямоугольник

trougao
....
треугольник

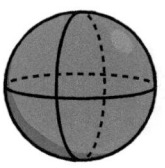

kugla
....
шар

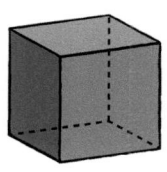

kocka
....
куб

bela

белый

žuta

желтый

narandžasta

оранжевый

ružičasta

розовый

crvena

красный

ljubičasta

лиловый

plava

синий

zelena

зелёный

smeđa

коричневый

siva

серый

crna

черный

mnogo / malo

много / мало

ljutito / mirno

яростный / мирный

lepo / ružno

красивый / уродливый

početak / kraj

начало / конец

veliko / maleno

большой / маленький

svetlo / tamno

светлый / темный

brat / sestra

брат / сестра

čisto / prljavo

чистый / грязный

potpuno / nepotpuno

полный / неполный

dan / noć

день / ночь

mrtvo / živo

мёртвый / живой

široko / usko

широкий / узкий

jestivo / nejestivo

съедобный / несъедобный

zlo / dobro

злой / дружелюбный

uzbuđeno / dosadno

взволнованный / скучающий

debelo / mršavo

толстый / худой

na početku / na kraju

сначала / в конце

prijatelj / neprijatelj

друг / враг

puno / prazno

полный / пустой

tvrdo / mekano

твёрдый / мягкий

teško / lagano

тяжёлый / легкий

glad / žeđ

голод / жажда

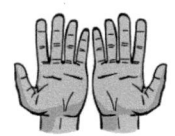

bolesno / zdravo

больной / здоровый

ilegalno / legalno

незаконный / законный

pametno / glupo

умный / глупый

levo / desno

слева / справа

blizu / daleko

близко / далеко

novo / polovno

новый / подержанный

ništa / nešto

ничто / нечто

staro / mlado

старый / молодой

uključeno / isključeno

включено / выключено

otvoreno / zatvoreno

открыто / закрыто

tiho / glasno

тихо / громко

bogato / siromašno

богатый / бедный

tačno / pogrešno

правильный /
неправильный

hrapavo / glatko

шероховатый / гладкий

tužno / sretno

печальный / счастливый

kratko / dugo

короткий / длинный

polako / brzo

медленный / быстрый

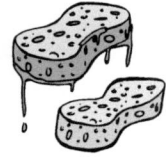

mokro / suho

мокрый / сухой

toplo / hladno

тёплый / прохладный

rat / mir

война / мир

0
nula
ноль

1
jedan
один

2
dva
два

3
tri
три

4
četiri
четыре

5
pet
пять

6
šest
шесть

7
sedam
семь

8
osam
восемь

9
devet
девять

10
deset
десять

11
jedanaest
одиннадцать

12

dvanaest

двенадцать

13

trinaest

тринадцать

14

četrnaest

четырнадцать

15

petnaest

пятнадцать

16

šestnaest

шестнадцать

17

sedamnaest

семнадцать

18

osamnaest

восемнадцать

19

devetnaest

девятнадцать

20

dvadeset

двадцать

100

stotinu

сто

1.000

hiljadu

тысяча

1.000.000

milion

миллион

engleski

английский

američki engleski

американский английский

mandarinski kineski

мандаринский китайский

hindski

хинди

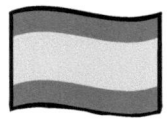

španski

испанский

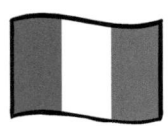

francuski

французский

arapski

арабский

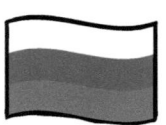

ruski

русский

portugalski

португальский

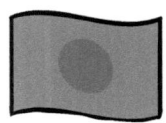

bengalski

бенгальский

nemački

немецкий

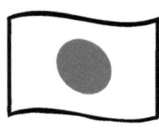

japanski

японский

ja
я

ti
ты

on / ona / onɔ
он / она / онɔ

mi
мы

vi
вы

oni
они

Ko?
кто?

Šta?
что?

Kako?
как?

Gde?
где?

Kada?
когда?

ime
имя

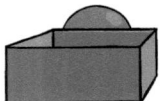

iza
....
за

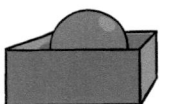

u
....
в

ispred
....
перед

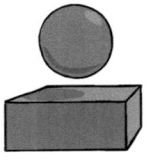

preko
....
над

na
....
на

ispod
....
под

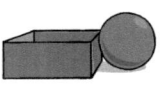

pored
....
рядом

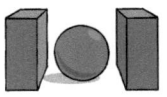

između
....
между

mesto
....
место